자기를 용서하기

도서출판 말씀과만남은 그리스도인들과 세상 모든 사람들이
하나님의 말씀과 만나 그 생각이 새로워지고 그 삶이 풍성해지도록 돕고 있습니다.

The Malsseum & Mannam Publishing House is helping
Christians and men in the world to meet with God's Word, so that
they may have their spirits renewed and may have the abundant Life.

십대 크리스천 문화를 개척하는
40주제 생활 성경공부

자기를 용서하기

지은이 / 이 진 우

1판 1쇄 / 2003. 1. 20
발행처 / 말씀과만남
발행인 / 최 헌 근
등록번호 / 제20-444호
등록일자 / 1991. 6. 19

138-220 서울특별시 송파구 잠실동 339-3
Tel : (031) 594-6327, Fax : (031) 594-6328
편집부 : (02) 3273-8369, Fax : (02) 3273-8367
전자우편 : mmpress@hanmail.net

ISBN   89-7508-030-7
        89-7508-033-1(전4권)

정가 : 2,500원

잘못된 책은 바꾸어 드립니다.

십대 크리스천 문화를 개척하는
40주제 생활 성경공부

자기를 용서하기

이진우 지음

말씀과만남

글쓴이 이진우 목사는 일찍이 1985년에 중고등부용 『52주 성경공부』를 펴냄으로 한국 교회 청소년 제자훈련의 초석을 놓았다. 그 후 총회교육국을 거쳐 숭의여자중학교에서 교목으로 사역하며 수많은 청년, 청소년 집회와 교사 세미나에 강사로 활동했다.

그는 1990년대 초에 이미 단상집 및 교회 교육에 관한 책들과 다양한 성경공부 교재를 편찬해냈는데 간결한 문체와 때묻지 않은 내용 전개로 독자들로부터 많은 사랑을 받은 저술가였다. 그러던 중 도영하여 수학하며, 유학생 중심의 코밴트리 한인 교회를 잉글랜드 중부에 개척 자립한 후 견실한 교회로 일궈냈다.

총신대 종교교육학과와 동 신대원(BA, M. DIV.), 그리고 아신대대학원(Th. M.)을 졸업했으며, 영국 카펜웨이 바이블 스쿨과 미국 버지니아 리버티신학대학원 (D. Min.)을 졸업했다.

2000년 봄에 서울 창성교회의 청빙을 받아 귀국하여, 이 시대의 건강한 교회를 꿈꾸며 목회하고 있다. 또한 총신대에서 교육학과 리더십에 대하여 강의하면서 한국 교회를 섬기고 있다.

저서로는 『중고등부 40주제 생활성경공부』, 『우리는 하나님을 잊고 살지는 않는가』, 『신나는 주일학교 만들기』, 『청소년 살리기』, 『청소년 설교 이렇게』 등 다수가 있다.

이

진

우

십대 크리스천 문화를 개척하는
자기를 용서하기
40주제 생활 성경공부

P R E F A C E

"하나님이 그들(사람)에게 복을 주시며 그들에게 이르시되 생육하고 번성하여 땅에 충만하라, 땅을 정복하라, 바다의 고기와 공중의 새와 땅에 움직이는 모든 생물을 다스리라 하시니라"(창 1:28).

위 말씀을 우리는 하나님의 '문화 명령'(Cultural Mandate)이라고 부릅니다. 6일간에 걸쳐 우주 창조의 대 역사를 마치신 창조주께서는 만물의 영장으로 세우신 아담에게 그와 같은 명령을 주셨습니다. 이 명령은 훗날 예수 그리스도를 통해 주셨던 바 복음 전파를 촉구하는 '지상 명령'(The Great Commission)보다 시기적으로 앞서고 있습니다.

이제 예수 그리스도의 복음을 통하여 "새롭게 된"(고후 5:17) 사람들에게는 범죄 이전에 인간에게 주셨던 그 명령을 다시금 생각하고 실천에 옮기는 삶이 필요합니다. 특히 푸르른 예수의 젊은이들은 단지 자신이 예수를 믿고 있다는 의식 정도에 머물지 말고, 좀 더 적극적인 자세로 자신의 삶과 이 땅의 환경들에 도전할 책임이 주어져 있습니다. 더 이상 세상은 비난이나 저주의 대상이 되어서는 안 되며, 더 이상 교회도 우리의 도피처가 되어서는 안 됩니다. 마땅히 세상은 우리 그리스도인들의 일터임이 확인되어야 합니다.

그러나 나는 종종 예수를 믿는 우리의 십대들이 학교나 친구들 사이에서 주

녹이 들거나, 자신의 정체를 감추고 아예 타협해버리는 안타까운 모습을 보게 됩니다. 그 이유가 신앙이란 것은 교회에 관계되어 있는 사고나 행위이지, 이 세상의 삶에서는 별 능력이 없는 것이라는 왜곡된 생각 때문이라고 봅니다.

정말 우리가 믿는 하나님은 겨우 그 정도입니까? 성경은 우리들이 친구 관계로 아파할 때, 진로 문제로 고민할 때, 이성 친구 앞에서 멈칫거릴 때, 어떤 슬픔 앞에서 허덕일 때, 아무런 대안도 주지 못하는 단순한 종교 서적에 불과한 것입니까? 아닙니다. 성경은 놀랍게도 인간사의 모든 문제에 대한 해답을 가지고 있습니다. 살아서 역동하며 우리를 격려하고 꾸짖으며 인도해 가는 하나님의 능력의 도구가 바로 성경입니다.

이 교재 '40주제 생활 성경공부 시리즈'는 할 수 있는 한 '구체적'으로 우리 십대들이 겪는 삶의 갈등과 의문들을 추적하려 했습니다. 구성은 본문을 택하여 그 본문을 중심으로 연구해 나가는 귀납법적 방법과 주제별 방법을 적절히 혼용했습니다. 그러면서도 짜임새는 간략한 쪽을 택하여, 시간에 많은 제약을 받는 우리 기독학생들의 입장을 십분 고려했습니다.

아무쪼록 우리 십대들이 예수님을 더 사랑하고 성경을 더 아낄 수 있는 '예수 십대'들이 되기를 기원합니다.

2003년 새해
이진우

십대 크리스천 문화를 개척하는

자기를 용서하기

40주제 생활 성경공부

C O N T E N T S

십대 크리스천 문화를 개척하는
40주제 생활 성경공부

가출 충동

많은 사람들은 이 시대의 문제를 '청소년의 문제'로 지적하고 있습니다. 그 청소년의 문제 중 가장 심각한 것은 바로 '가출'이라고 합니다. YMCA의 조사에 의하면 남학생의 73.6%, 여학생의 75.2%가 가출 충동을 경험했다고 보고하고 있습니다.

본래 '가출'이란 '부모나 보호자의 동의 없이 집을 떠나서 24시간 동안 집에 들어가지 않는 것'으로 18세 미만의 청소년들이 주로 그 대상에 들어간다고 합니다.

마음을 열고

당신은 가출 충동을 경험해 본 일이 있습니까? 그렇다면 그때는 언제였으며, 무엇 때문이었습니까?

....

....

....

말씀을 펴서

우리는 예수님의 비유 가운데 나타나는 한 가출 소년의 모습을 볼 수 있습니다. 누가복음 15장 11-17절(-24절까지 참조)을 읽으세요.

11 또 가라사대 어떤 사람이 두 아들이 있는데 12 그 둘째가 아비에게 말하되 아버지여 재산 중에서 내게 돌아올 분깃을 내게 주소서 하는지라 아비가 그 살림을 각각 나눠 주었더니 13 그 후 며칠이 못되어 둘째 아들이 재물을 다 모아가지고 먼 나라에 가 거기서 허랑방탕하여 그 재산을 허비하더니 14 다 없이한 후 그 나라에 크게 흉년이 들어 저가 비로소 궁핍한지라 15 가서 그 나라 백성 중 하나에게 붙여 사니 그가 저를 들로 보내어 돼지를 치게 하였는데 16 저가 돼지 먹는 쥐엄 열매로 배를 채우고자 하되 주는 자가 없는지라 17 이에 스스로 돌이켜 가로되 내 아버지에게는 양식이 풍족한 품군이 얼마나 많고 나는 여기서 주려 죽는구나

본문의 이해

본문은 집을 떠난 아들을 애타게 기다리는 아버지의 모습을 담은 내용입니다. 본래는 하나님 아버지의 곁을 떠나 죄와 사망의 길로 가버린 인간들의 회개를 기다리는 하나님의 사랑을 나타낸 비유입니다.

• 분깃을 … 주소서(12절) : 작은 아들은 아버지가 죽기도 전에 재산을 나누어 주기를 원했다. 이런 경우 전 재산의 9분의 1일이 분배되었다.
• 쥐엄 열매(16절) : 팔레스타인 일대에서 자라는 가룹나무, 주로 가축의 먹

이로 쓰였음

자신이 이해한 내용으로 본문의 줄거리를 요약해 보세요.

....

....

❶ 배경은 아버지와 두 아들이 사는 가정이다.

• 둘째의 요청은?

....

• 그가 그 재산을 가지고 간 곳은?

....

• 그가 그 재산을 가지고 한 일은?

....

• 그 결과는? (14절)

....

❷ 순식간에 거지가 된 둘째는 결국 어떤 자리에 이르게 되었습니까? (15-16절)

....

....

말씀을
살피고

이는 그가 전혀 상상도 해보지 못했던 상황이었습니다. 더구나 당시 이스라엘 사람들의 경우 돼지를 치는 일은 가장 천한 일로 여겨지고 있었습니다(레 11:7). 물론 그 때 사귄 친구는 모두 떠나갔습니다.

말씀뜻
발견

❶ 우리가 추측할 수 있는 둘째 아들의 상황입니다.

• 재산을 나눠 받기 위해 아버지에게 :

• 먼 나라로 떠날 때 그의 맘 속에는 :

• 그러나 가출의 결과는 어떠했습니까?

로버츠(A.R.Roberts)는 가출의 유형을 셋으로 나누었는데 다음과 같습니다.
첫 번째, 참을 수 없는 가족 상황을 벗어난 사람이다.
두 번째, 모험을 추구하는 사람이다.
세 번째, 학교 문제가 있는 사람이다.
위 둘째 아들은 어디에 해당될까요?

당신이 가출 충동을 느낀 적이 있다면, 어디에 해당됩니까?

❷ 위 둘째 아들은 이러한 가출 대신 어떤 행동을 했어야 할까요?

당신의 경우, 그런 충동에 대한 최선의 자세는 무엇일까요?

❸ 둘째 아들의 결국의 형편을 보면서 혹 당신 주변에 가출 경험자가 있었다면 그 결과에 대해 말해 보세요.

그들이 공통적으로 처하는 막다른 골목은 바로 몸과 마음의 파괴일 뿐입니다. 그러나 회복의 길이 없는 것은 아닙니다. 그 방법은 '스스로 돌이켜', '아버지께로' 돌아오는 것입니다.

반항하는 것으로 권위에 도전하고, 달아나 버림으로써 문제가 해결되는 것은 아닙니다. 부모의 손 안에서 빠져 나갈 수 있을지는 몰라도 최종적인 권위이신 하나님의 손 안에서 빠져 나갈 길은 없습니다(시 139:7). 하나님은 그의 자녀들이 그들의 책임으로부터 달아나는 것을 허락하지 않습니다. 더

한토막
삽화

군다나 집 나간 십대들은 밤거리에 난무하는 폭력, 알코올, 매춘, 강도의 손쉬운 먹이가 됩니다. '자유를 찾으려면 집을 뛰쳐 나가라'는 말은 사탄이 즐겨 쓰는 유혹 가운데 하나일 뿐입니다.

말씀과
함께

❶ 현실 도피는 비겁합니다. 십대인 당신에게 무겁게 다가오는 학교, 가정은 과연 '수용소'입니까? '훈련소'입니까? 그 차이는 무엇일까요? 그에 따라 당신의 자세는 어떻게 바뀔 수 있을까요?

분 노 와의 싸 움

가벼운 화로부터 자제할 수 없는 격노에 이르기까지 분노는 여러 양상을 가지고 있으며, 또 우리의 생활에서 여러 가지 역할을 하고 있습니다. 분노는 때때로 정당화되기도 하고 그렇지 않기도 합니다. 하지만 분노는 성령에 의하여 지배되어져야 하는 감정들 중의 하나입니다. 분노는 마치 불처럼 우리에게 유혹이 될 수도 있지만 영원한 재해의 원인이 될 수도 있습니다.

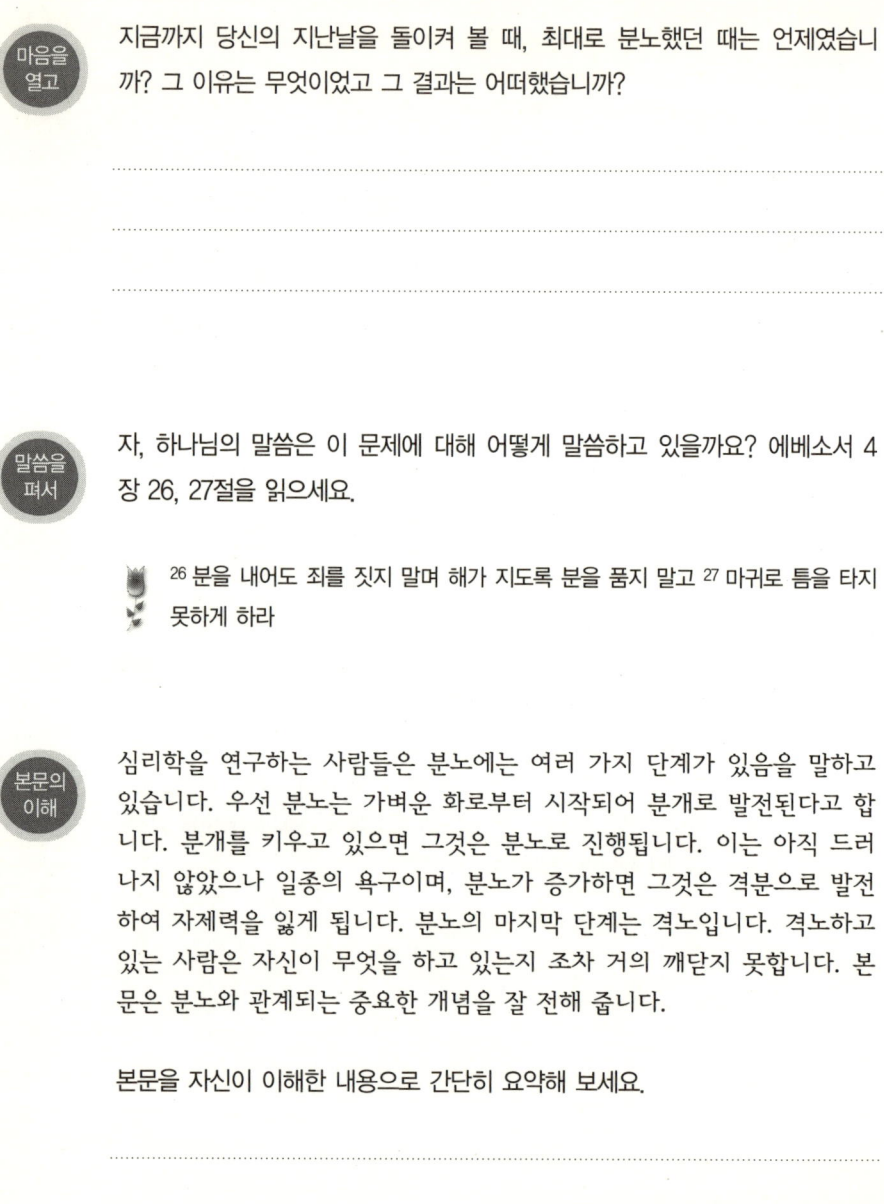

마음을 열고

지금까지 당신의 지난날을 돌이켜 볼 때, 최대로 분노했던 때는 언제였습니까? 그 이유는 무엇이었고 그 결과는 어떠했습니까?

....

....

....

말씀을 펴서

자, 하나님의 말씀은 이 문제에 대해 어떻게 말씀하고 있을까요? 에베소서 4장 26, 27절을 읽으세요.

²⁶ 분을 내어도 죄를 짓지 말며 해가 지도록 분을 품지 말고 ²⁷ 마귀로 틈을 타지 못하게 하라

본문의 이해

심리학을 연구하는 사람들은 분노에는 여러 가지 단계가 있음을 말하고 있습니다. 우선 분노는 가벼운 화로부터 시작되어 분개로 발전된다고 합니다. 분개를 키우고 있으면 그것은 분노로 진행됩니다. 이는 아직 드러나지 않았으나 일종의 욕구이며, 분노가 증가하면 그것은 격분으로 발전하여 자제력을 잃게 됩니다. 분노의 마지막 단계는 격노입니다. 격노하고 있는 사람은 자신이 무엇을 하고 있는지 조차 거의 깨닫지 못합니다. 본문은 분노와 관계되는 중요한 개념을 잘 전해 줍니다.

본문을 자신이 이해한 내용으로 간단히 요약해 보세요.

....

....

위 성경 구절은 세 가지 중요한 점들을 간파하고 있습니다.

말씀을
살피고

❶ "분노는 하나님께서 주신 감정이다." 어느 부분에서 이 사실을 볼 수 있습니까?

....

....

절대 화를 내지 않는 사람에게는 무엇인가 비인간적인 면이 있습니다.

❷ "분노가 꼭 죄악은 아니다." 어느 부분에서 이것을 볼 수 있습니까?

....

....

구약성경에서도 '여호와의 진노' 라는 말이 18번 이상이나 언급되고 있습니다.

❸ 그러나 분노는 어떤 조건적인 단서가 붙음을 잊어서는 안됩니다. 각각 예를 들어 보세요.

  • 제1조건 : "해가 지도록 분을 품지 말고"

....

  • 제2조건 : "마귀로 틈을 타지 못하게"

....

말씀뜻
발견

❶ 그러나 정당한 분노가 있음을 성경은 말합니다. 다음의 경우를 간단히 설명해 보세요.

• 이사야 5장 23-25절 :

• 마태복음 23장 25-26절 :

• 골로새서 3장 21절 :

부모의 징계가 없을 수 없으나, 자녀를 노엽게 하지는 말아야 합니다.

❷ 물론 부당한 분노가 우리를 덮을 때가 더 많습니다. 다음의 경우를 설명해 보세요.

• 누가복음 15장 28절 :

• 요나 4장 1절 :

• 야고보서 1장 19절

최근에 부부싸움을 하던 부부가 그 분노를 이기지 못하여 온 집안에 기름
을 붓고 불을 지른 일이 있었습니다. 그 불은 이웃집까지 태워버리고 말
았지요.
여기, 분노를 이기는 비결 몇 가지가 있습니다.
첫 번째, 사소한 의견의 차이는 무시하도록 하라(잠 19:11).
두 번째, 노하기 잘하는 사람들과의 친교를 삼가라(잠 22:24, 25).
세 번째, 계속하여 혀를 철저히 통제하라(잠 15:1).
네 번째, 대화에서 솔직하고, 투기하지 않도록 하라(잠 27:4-6).

우리의 삶을 주장하시는 주님! 저는 매시간 주님을 필요로 합니다. 화가
나려고 하는 유혹은 매시간 저를 엄습하여 옵니다. 때로는 그 분노가 너
무 강해서 나를 두렵게 합니다. 그리고 다른 사람들과의 관계를 깨뜨립
니다. 남에게 상처를 입히고 감정을 해치는 말들과 상황들을 제가 잘 다
룰 수 있게 해 주십시오. 제게 적절한 판단력과 자제력을 주십시오.
"주님, 도와 주십시오!"

염려에서의 해방

대부분의 경우, 우리들을 괴롭히고 짓누르는 것들은 외부로부터
온다기보다 우리의 내부로부터 옵니다. 주변의 일이나 장래에
대한 불확실함이 우리의 마음을 염려라는 울타리 안에 가둡니
다. 진정 우리의 삶에서 염려란 그림자처럼 떼어 버릴 수 없는
숙명적인 것일까요? 그 염려의 시작 지점은 과연 무엇일까요?

지나친 염려는 결국 어떤 결과들을 가져온다고 생각합니까?

마음을
열고

....

....

자! 염려의 정체를 알고 그 염려에서 해방되기 위하여 하나님의 말씀으로 가 봅시다. 누가복음 10장 38-42절을 읽으세요.

말씀을
펴서

38 저희가 길 갈 때에 예수께서 한 촌에 들어가시매 마르다라 이름하는 한 여자가 자기 집으로 영접하더라 39 그에게 마리아라 하는 동생이 있어 주의 발 아래 앉아 그의 말씀을 듣더니 40 마르다는 준비하는 일이 많아 마음이 분주한지라 예수께 나아가 가로되 주여 내 동생이 나 혼자 일하게 두는 것을 생각지 아니하시나이까 저를 명하사 나를 도와주라 하소서 41 주께서 대답하여 가라사대 마르다야 마르다야 네가 많은 일로 염려하고 근심하나 42 그러나 몇 가지만 하든지 혹 한 가지만이라도 족하니라 마리아는 이 좋은 편을 택하였으니 빼앗기지 아니하리라 하시니라

본문은 주님을 섬기는데 있어서 많은 일과 실적보다는 차분하고 진지한 자세가 말씀을 청종함에 중요하다는 것을 보여줍니다. 반면에 그릇된 열성이 오히려 염려의 원인이 됨을 보여주기도 합니다.

본문의
이해

• 주의 발 아래 앉아(39절) : 이것은 당시 랍비 앞에서 배우는 학생의 태도 였음

본문을 자신이 이해한 내용으로 간단히 요약해 보세요.

....

말씀을 살피고

❶ 우선 마르다와 마리아의 관계는 어떠합니까? 마리아는 지금 무엇을 하고 있습니까?

아름다운 광경입니다. 마리아는 예기치 않은 주님의 방문이 얼마나 큰 특권인가를 느끼고, 그냥 주님의 발 아래 앉아 말씀을 듣기로 하였습니다.

❷ 그러나 마르다는 어떠합니까?

• 하는 일 :

• 마음 상태 :

그녀는 훌륭한 안주인의 모습을 보여주길 원했고, 동생은 전혀 도와주려고 하지 않았습니다. 그로 인해 그녀의 염려는 극에 달했습니다.

❶ 40절에서 발견하는 바 마르다는 무슨 생각을 하고 있었을까요?

• 자신에 대하여 :

• 마리아에 대하여 :

마르다의 일은 권장할 만 합니다. 그러나 필요 이상의 것을 하려는 그는 동생이 자신과 같이 서두르지 않는다는 사실을 용납할 수 없었습니다.

❷ 주님이 진단한 마르다의 상태는 어떠합니까? (41절)

기억합시다. 그녀가 주님을 접대하고자 함에는 잘못이 없었지만 염려가 그녀의 투시력을 빼앗아 갔기 때문에, 그녀는 '중요한 일'을 보지 못하게 되었던 것입니다.

❸ 잠언 3장 5-6절에서 염려를 이겨내기 위한 또 다른 제언들을 살펴볼까요?

• 나의 역할 :

• 하나님의 역할 :

어떤 거지가 길을 가다가 노신사 한 분을 붙들고 구걸을 했습니다. "선생님, 1000원만 주세요." 거지는 말하고 나서 왠지 느낌이 이상하여 그 노신사의 얼굴을 쳐다보고는 깜짝 놀랐습니다. 그 노신사는 바로 자기의 아버지였던 것입니다. 거지는 너무나 놀라서 뒷걸음질을 치는데, 그때야 아버지도 거지가 자기 아들임을 알아보았습니다. "아니, 네가 여기 있었구나. 나는 너를 18년 동안이나 찾아 다녔단다. 뭐, 1000원만 달라고? 아니야, 내가 가진 모든 것이 다 네 것이야." 아버지는 아들을 얼싸안고 집으로 데려갔습니다.
하나님은 이 노신사보다 더 자비로우신 분이십니다. 더 크신 분이십니다. 이 하나님을 신뢰합시다!

❶ 요즘 나의 주된 염려거리는 무엇인가요? 그것을 이길 수 있는 길은 무엇일까요?

....

....

....

당신 자신을 전적으로 주님께 내 맡기십시오. 당신의 모든 지식과 감정과 의지를 다하여 그렇게 하십시오. 그러기 위해 인간적인 재간이라는 목발을 던져버리십시오. 대신에 주님께서 당신의 형편 하나 하나에 임하셔서 관심을 가지고 계시다는 사실을 인정하십시오. 그러면 하나님께서는 모든 장애물들을 제거하시며 여러분의 갈 길을 평탄하게 해주실 것입니다.

유혹에서의 승리

유혹에 면역이 되어 있는 사람은 아무도 없습니다. 유명한 사람이나 평범한 사람이나 남자나 여자나 다 마찬가지입니다. 우리가 방안에 있을 때나 길을 걸을 때나 유혹은 항상 우리의 바로 곁에 있습니다. 유혹은 여러 가지 형태, 크기, 색깔들로 포장되어 나타납니다. 그러나 유혹의 대부분은 다음의 세 가지 범주 가운데 하나에 해당되곤 합니다.

1. 물질적인 유혹
2. 인격적인 유혹
3. 육체적인 유혹

다음의 경우 어느 종류의 유혹이 제일 무서운 것이라고 생각됩니까? (왜 그렇게 생각되는지 설명해 보세요.)

....

....

....

자! 다음의 말씀을 읽어봅시다. 창세기 39장 7-15절입니다.

7 그 후에 그 주인의 처가 요셉에게 눈짓하다가 동침하기를 청하니 8 요셉이 거절하며 자기 주인의 처에게 이르되 나의 주인이 가중 제반 소유를 간섭지 아니하고 다 내 손에 위임하였으니 9 이 집에는 나보다 큰 이가 없으며 주인이 아무것도 내게 금하지 아니하였어도 금한 것은 당신 뿐이니 당신은 자기 아내임이라 그런즉 내가 어찌 이 큰 악을 행하여 하나님께 득죄하리이까 10 여인이 날마다 요셉에게 청하였으나 요셉이 듣지 아니하여 동침하지 아니할 뿐더러 함께 있지도 아니하니라 11 그러할 때에 요셉이 시무하러 그 집에 들어갔더니 그 집 사람은 하나도 거기 없었더라 12 그 여인이 그 옷을 잡고 가로되 나와 동침하자 요셉이 자기 옷을 그 손에 버리고 도망하여 나가매 13 그가 요셉이 그 옷을 자기 손에 버려두고 도망하여 나감을 보고 14 집 사람들을 불러서 그들에게 이르되 보라 주인이 히브리 사람을 우리에게 데려다가 우리를 희롱하게 하도다 15 그가 나를 겁간코자 내게로 들어오기로 내가 크게 소리질렀더니 그가 나의 소리질러 부름을 듣고 그 옷을 내게 버려두고 도망하여 나갔느니라 하고

요셉은 보디발이라는 이집트의 고위 관리로부터 신임을 받는 노예였습니다. 그는 준수하였고 신임을 받아 가정 총무의 자리에까지 오르게 되었습니다. 그러나 그는 점점 더 유혹의 '목표'가 될 수밖에 없었습니다.

- 하나님께 득죄하리이까(9절) : 모든 죄란 결국 처음부터 마지막까지 하나
  님께 대해 짓는 죄라 할 수 있다.
- 날마다 요셉에게 청하였으나(10절) : 여인의 유혹은 집요하였다.

위 사건을 자신이 이해한 내용으로 간단히 요약해 보세요.

❶ 요셉이 직면한 유혹은 위의 세 가지 유혹 중 어느 범주에 해당됩니까?

❷ 당시 요셉의 권한은 어느 정도였습니까? (9절)

❸ 요셉은 그 위기를 어떻게 넘깁니까? (12절)

❶ 이 뜻밖의 요셉의 반응은 그녀에게 어떤 느낌을 주었을까요? 한편 요셉이
보디발의 아내의 청을 거절하기에는 어떤 어려움들이 있었을 것이라 생각합니
까?

모든 종류의 유혹은 거절하기 어려운 어떤 것을 전제로 하고 달려듭니다.

❷ 요셉이 거절할 수 있었던 두 가지 이유를 짚어 보세요.

• 8절 : ....

....

• 9절(하) : ....

....

❸ 12절에서 요셉의 태도는 우리가 유혹을 이길 수 있는 어떤 결정적인 힌트를 줍니까?

....

....

유혹의 자리에서 우리는 막연하게 "주여! 나를 도우소서." 하고 기도만 하고 있어서는 안됩니다.

첫 번째, 당신이 처한 상황으로 인해 약해져서는 안 됩니다. 우리의 육체는 뻔뻔스러워서 나의 육욕의 잘못된 점을 합리화시키는 갖가지 방법을 생각나게 합니다.
두 번째, 설득에 속아서는 안 됩니다(살전 4:3). "누가 알 수 있겠어?" "꼭 이번 한 번만이야." "하나님도 나를 이해해 주실 거야." "우리는 곧 결혼할 거라고."
세 번째, 당신의 감정에 부드럽게 대해서는 안 됩니다. 육욕과의 전쟁은

생과 사를 가르는 투쟁이기 때문입니다.

초등학교에 입학한 나는 학교에 갈 때 한 동네를 지나야 했습니다. 거기서 나는 험상궂은 아이들한테 매를 맞았고, 이 사실을 저녁에 아버지께 말씀드렸더니 아버지는 내게 담대할 것을 가르친 후 계속해서 혼자 학교를 가게 했습니다. 눈물을 삼키면서 다시 그 동네를 거쳐 학교를 갔는데 그 외롭고 긴 길은 내게 너무도 힘이 들었습니다. 그런데 나는 아버지가 줄곧 저만치 내 뒤를 따라오고 계셨다는 사실을 알지 못하고 있었습니다. 나는 결코 혼자가 아니었습니다.

❶ 요즘 나를 괴롭히는 유혹은 무엇인가요? 그것을 어떻게 할까요? (갈 5:16)

....

....

....

....

....

우리는 끊임없는 육체적인 유혹에 둘러싸여 있습니다. T·V 상업 광고, 스포츠 신문, 수많은 유행들, 이것들이 조용하게 우리의 내부에 들어와서 미묘한 유혹의 미끼를 던져 놓습니다. 자, 당신의 생각을 책임지십시오! 당신이 보는 것과 듣는 것에 유의하십시오. 하나님께서 당신에게 당신이 필요로 하는 단련과 분별력을 주실 것을 신뢰하십시오.

이 기 주의

마약에 취하여 무질서한 생활을 하던 사람이 체포되었을 때, 그는 이런 말을 했다고 합니다. "내 돈 가지고 내가 쓰는데 무슨 상관이야?" 그의 뻔뻔스런 말은 어쩌면 우리 사회 밑바닥에 흐르는 시대 정신이 아닌가 합니다. 자기 이익만 생각하는 마음인 이 이기심은 바로 사탄이 인간에게 준 최초의 선물입니다. 선악과 범죄에 빠진 아담은 자신의 책임을 하와에게, 하와는 뱀에게 떠넘기는 이기적인 말을 했던 것입니다.

당신의 경우 어떨 때 자신을 위한 이기심이 나타난다고 생각합니까?

마음을
열고

....

....

....

....

성경은 이기심의 예를 어떻게 보여 주고 있습니다. 창세기 13장 1-15절을 읽어 보세요.

말씀을
펴서

1 아브람이 애굽에서 나올새 그와 그 아내와 모든 소유며 롯도 함께 하여 남방으로 올라가니 2 아브람에게 육축과 은금이 풍부하였더라 3 그가 남방에서부터 발행하여 벧엘에 이르며 벧엘과 아이 사이 전에 장막 쳤던 곳에 이르니 4 그가 처음으로 단을 쌓은 곳이라 그가 거기서 여호와의 이름을 불렀더라 5 아브람의 일행 롯도 양과 소와 장막이 있으므로 6 그 땅이 그들의 동거함을 용납지 못하였으니 곧 그들의 소유가 많아서 동거할 수 없었음이라 7 그러므로 아브람의 가축의 목자와 롯의 가축의 목자가 서로 다투고 또 가나안 사람과 브리스 사람도 그 땅에 거하였는지라 8 아브람이 롯에게 이르되 우리는 한 골육이라 나나 너나 내 목자나 네 목자나 서로 다투게 말자 9 네 앞에 온 땅이 있지 아니하냐 나를 떠나라 네가 좌하면 나는 우하고 네가 우하면 나는 좌하리라 10 이에 롯이 눈을 들어 요단 들을 바라본즉 소알까지 온 땅에 물이 넉넉하니 여호와께서 소돔과 고모라를 멸하시기 전이었는고로 여호와의 동산 같고 애굽 땅과 같았더라 11 그러므로 롯이 요단 온 들을 택하고 동으로 옮기니 그들이 서로 떠난지라 12 아브람은 가나안 땅에 거하였고 롯은 평지 성읍들에 머무르며 그 장막을 옮겨 소돔까지 이르렀더라 13 소돔 사람은 악하여 여호와 앞에 큰 죄인이었더라 14 롯이 아브람을 떠난 후에 여호와께서 아브람에게 이르시되 너는 눈을 들어 너 있는 곳에서 동서남북을 바라보라 15 보이는 땅을 내가 너와 네 자손에게 주리니 영원히 이르리라

아브람이 본래 우르에서 떠나 올 때는 빈손이었습니다. 그러나 애굽에서 나올 때 아브람과 롯은 재산과 가축을 많이 소유하게 되었습니다. 그로 인해 양가의 갈등이 야기되었고, 아브람은 선한 제의를 하게 됩니다.

- 육축과 은금이 풍부(2절) : 그때 아브람은 318명의 하속이 필요할 정도로 부유하였다.
- 한 골육이라(8절) : 형제 곧 친척이라는 뜻
- 여호와의 동산(10절) : 아름답고 비옥한 땅을 나타낸다.

본문의 줄거리를 자신의 말로 간단히 요약하세요.

....

....

❶ 아브람과 롯의 불편한 관계는 어떻게 시작되었습니까? (7절)

....

❷ 8, 9절에서 볼 수 있는 아브람의 마음은 어떠합니까?

....

❸ 반면에 롯은 어떻게 했습니까? (10절)

....

롯에게 있어 아브람은 부모와 다름이 없었습니다. 그러나 …

❶ 롯의 선택의 동기는 무엇이었습니까?

그는 계산에 빠른 현대인의 전형이었습니다.

❷ 그 이기적인 선택은 어떤 결과까지 이르게 했습니까? (12절)

그 최종 결과는 유황불의 저주 속에서 구사일생으로 빠져 나오는 것이었습니다.

❸ 앞질러 떠나간 롯의 등 뒤에서 쓸쓸하게 서 있던 아브람을 하나님은 어떻게 대하셨습니까? (14, 15절)

디모데후서 3장 1절을 묵상하세요.

바홈의 꿈은 넓은 땅의 주인이 되는 것이었습니다. 어느 날 밤, 신선이 나타나 이렇게 말했습니다. "네가 하루 종일 밟는 땅이 네 소유가 될 것이다." 바홈은 이튿날 새벽 일찍 일어나 평소에 봐두었던 곳으로 갔습니다. 그리고 자기 소유가 될 땅을 밟기 시작했습니다. 천천히 걸을 수가 없었습니다. 밥을 먹고 있을 수도 없었습니다. 뛰고 또 뛰었습니다. 해가 지기 전에 그는 떠났던 곳으로 되돌아와야 했습니다. 그러나 기진한 그는 되돌아오기 전에 그 땅에 엎드려 죽고 말았습니다. 그가 그토록 소유하고 싶었던 그 땅 위에서 …

톨스토이, 『사람에게는 얼마의 땅이 필요한가?』에서

❶ "Jesus first, others second, yourself last."의 삶을 살려면 어떻게 해야 할까요?

....

....

....

....

....

....

....

세상에는 두 종류의 사람이 있습니다. 자신만을 위해 걷고 뛰는 사람과 남을 위해 걷고 뛰는 사람. 예수님은 철저히 남을 위해 33년의 바쁜 삶을 사셨습니다. 우리 모두가 예수일 수는 없습니다. 그러나 그분의 삶을 따르기로 결단한 사람임에는 틀림없습니다. 그리고 예수께서는 우리에게 "가서 너도 이와 같이 하라."고 말씀하십니다. 나 밖에 모르는 세상에서 하나님과 남을 위해 살기로 굳게 다짐합시다.

자기를 용서하기

당신은 거울 앞에 설 때 무슨 생각을 합니까? 당신이 보고 있
는 사람에 대하여 어떻게 느낍니까? 당신은 자신에게 만족합
니까? 아니면 싫어합니까?

마음을
열고

이번 과를 시작하기 전에 다음의 문장을 완성해 보세요. 당신 자신에 대해 생각나는 대로 솔직히 써 보세요.

• 나는 …

• 나는 …

• 나는 …

• 나는 …

• 나는 …

이제 대답들을 살펴봅시다. 그것들은 긍정적입니까? 아니면 부정적입니까? 3개 이상이 부정적이라면 당신은 자신에 대해 부정적인 상(image)을 가지고 있는 것입니다. 그것들을 긍정적인 답으로 바꿔 써 보세요.

베드로전서 2장 9-10절을 읽어 보세요.

말씀을
펴서

⁹ 오직 너희는 택하신 족속이요 왕 같은 제사장들이요 거룩한 나라요 그의 소유
된 백성이니 이는 너희를 어두운데서 불러 내어 그의 기이한 빛에 들어가게 하신
자의 아름다운 덕을 선전하게 하려 하심이라 ¹⁰ 너희가 전에는 백성이 아니더니 이제는
하나님의 백성이요 전에는 긍휼을 얻지 못하였더니 이제는 긍휼을 얻은 자니라

본래 우리는 오갈 데 없는 죄인이요 소망이 없는 존재였습니다. 그러나
이제는 다릅니다.

본문의
이해

• 택하신 족속 … 소유된 백성(9절) : 구약시대에는 이스라엘만이 제사장의
  나라이며 선민이었다. 그러나 이제는 모든 성도들이 선민이며 아브라함
  의 후손들이다(롬 4:16).
• 10절은 호세아 2장 23절과 로마서 9장 25-33절을 참조할 것

본문을 자신의 말로 써 보세요.

....

....

❶ 10절을 읽고 다음 빈칸을 ○, ×로 표시해 보세요.

말씀을
살피고

	이 전	지 금
하나님의 백성이 됨		
긍휼을 받음		

우리는 예수 그리스도를 믿음으로 하나님의 자녀(요 1:12)가 되었습니다. 하나님은 허물 투성이인 나를 용납하셨습니다. 그러므로 "나는 구제 불능이야." "나는 쓸모 없는 아이야." 이렇게 생각하는 것은 하나님께 대한 반항과도 같습니다.

❷ 고린도후서 5장 17절을 풀어 써 보세요.

....

....

....

당신은 하나님이 그의 외아들을 대신 내어주시고 구원하실 만큼 대단한 존재입니다.

말씀뜻
발견

❶ 어떤 사람들은 자신의 과거의 실수나 숨겨진 죄로 자신을 용납하지 못하고 있습니다. 이런 사람들은 어떻게 해야 합니까? (잠 28:13)

....

....

....

❷ 그러나 우리를 좌절케 하고 침울하게 하는 요인들이 있습니다. 다음의 도표를 살펴보고 자신의 느낌을 말해 보세요.

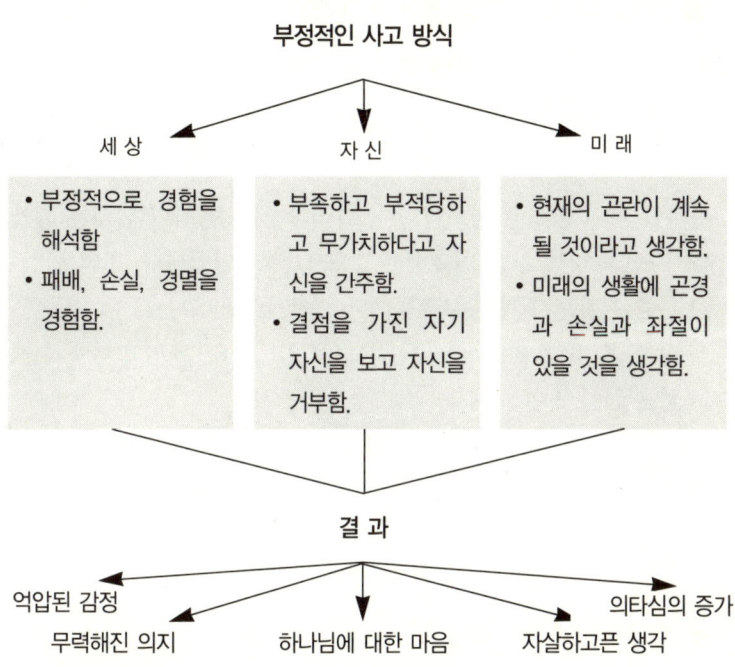

부정적인 사고 방식

세 상
- 부정적으로 경험을 해석함
- 패배, 손실, 경멸을 경험함.

자 신
- 부족하고 부적당하고 무가치하다고 자신을 간주함.
- 결점을 가진 자기 자신을 보고 자신을 거부함.

미 래
- 현재의 곤란이 계속 될 것이라고 생각함.
- 미래의 생활에 곤경과 손실과 좌절이 있을 것을 생각함.

결 과

억압된 감정
무력해진 의지
하나님에 대한 마음
자살하고픈 생각
의타심의 증가

자기 집에 많은 재물을 두고 남의 문전으로 구걸하러 다니는 사람이 있다면 다 웃을 것입니다. 그러나 이것은 남의 일이 아니라 때때로 우리 자신의 일인 것 같습니다. 즉 자기에게 있는 것은 돌아보지 않고 자기에게 없는 것만 생각하며 남을 부러워하는 것은 모두 그렇습니다. 하나님은 모든 사람이 그의 특색을 발견하며 이 세상을 행복하게 살아 나갈 수 있는 힘을 주셨습니다. '자기의 결점이나 환경만을 생각하고 비판할 수 있을 것인가?' 그 방향을 결정하는 것이 중요합니다. 누구나 캐면 캘수록 나오는 바 무수한 보물을 자신 속에 간직하고 있습니다.

솔직한 자기 반성은 필요합니다. 그러나 지나친 자기 멸시는 죄악입니다. 자신과 다른 삶을 비교하는 것도 그릇된 일입니다. 만약에 한 인간이 다른 사람보다 자신을 열등하다고 여긴다면, 그는 끝내 열등한 인생을 살게 될 것입니다. 본문 9절을 크게 읽으세요. 그리고 다음의 제목으로 짧은 글을 지어 보세요.

• 하나님의 사랑은 나를 :

....

....

....

• 하나님 때문에 나는 :

....

....

....

열등감의 극복

당신은 거울을 볼 때 무슨 생각을 합니까? 당신은 당신 자신에 만족
합니까? 만약 그렇다면 당신은 건전한 자아상을 가지고 있는 것입니
다. 그러나 사실은 더 많은 사람들이 자기 자신에 대하여 좌절하거
나 감정에 빠져 있습니다. 자기 멸시는 부정적인 사고 방식입니다.
열등감에 빠져 버린 사람이 자신을 보는 불가능한 태도는 그 자신을
막다른 길에 버려 두는 것입니다.

당신은 때로 열등감에 묻혀 있을 때가 있습니까? 그렇다면 그 이유는 무엇입니까?

....

....

....

....

고린도후서 12장 7-11절을 읽으세요.

7 여러 계시를 받은 것이 지극히 크므로 너무 자고하지 않게 하시려고 내 육체에 가시 곧 사단의 사자를 주셨으니 이는 나를 쳐서 너무 자고하지 않게 하려 하심이니라 8 이것이 내게서 떠나기 위하여 내가 세번 주께 간구하였더니 9 내게 이르시기를 내 은혜가 네게 족하도다 이는 내 능력이 약한데서 온전하여짐이라 하신지라 이러므로 도리어 크게 기뻐함으로 나의 여러 약한 것들에 대하여 자랑하리니 이는 그리스도의 능력으로 내게 머물게 하려함이라 10 그러므로 내가 그리스도를 위하여 약한 것들과 능욕과 궁핍과 핍박과 곤란을 기뻐하노니 이는 내가 약할 그 때에 곧 강함이니라 고린도 교회의 일을 염려하다 11 내가 어리석은 자가 되었으나 너희가 억지로 시킨 것이니 내가 너희에게 칭찬을 받아야 마땅하도다 내가 아무것도 아니나 지극히 큰 사도들보다 조금도 부족하지 아니하니라

바울에게는 열등감의 이유가 될만한 조건들이 많이 있었습니다. 그러나 그런 것들은 바울이 더욱 더 훌륭한 사도가 되는데 도움을 주었습니다. 성경에서는 열등감을 저주스러운 것으로만 보지 않고, 오히려 하나님의

은혜를 더욱 더 풍성하게 하는 요인이 된다고 했습니다. 뿐만 아니라, 하나님께서 더욱 귀하게 쓰는 동기가 된다고 했습니다.

• 육체의 가시(7절): 바울은 평생 질병을 안고 살았다. 학자들에 따라 그것을 심한 두통, 눈병, 간질병 등으로 해석한다. 바울은 그것을 하나님의 허락하에 주어진 사탄의 사자라고 보았다.

본문을 자신이 이해한 내용으로 간단히 요약해 보세요.

....

....

❶ 바울은 무엇 때문에 '자고'(교만)하였을까요? (7절)

말씀을
살피고

....

이것 때문에 바울은 어떻게 했나요? (8절)

....

그러나 육체의 질병이 낫는 회복이 아닌 하나님의 깊으신 뜻을 이해하는 계기가 되었습니다. 그 이후 바울의 자세는 어떻게 변했을까요? (9절)

....

❷ 당신이 때때로 열등감에 빠지는 이유는 무엇입니까? (외모, 능력, 건강 …)

당신은 그것을 어떻게 이길 수 있을까요?

....

....

특히 하나님의 그 크신 은혜로 구속받은 하나님의 자녀들은 결코 열등
감의 제물이 되어서는 안 됩니다. 이는 하나님께 대한 신뢰로 동여매어
지고 굳세게 받쳐져야 한다는 뜻입니다.

첫 번째, 신뢰란 인간 스스로의 힘을 의지하는 것이 아니라 (   )
의 권능에 의지함을 뜻한다(고후 3:4).
두 번째, 신뢰란 곧 (   ) 은혜와 사랑에 의지하는 것을 뜻한다(엡
2:8, 9).
세 번째, 신뢰란 곧 (   )하는 것이다(시 42:5). 소망이란 우울의
터널 저 끝에 있는 빛이 아니라 터널 속 가장 힘들고 어두운 곳에 자리
해 있는 하나의 확실한 빛이다.

우리가 우리 자신을 사랑할 줄 모르기 때문에 다른 사람을 사랑할 수 없
습니다. 우리는 다른 사람의 사랑을 받지 못했거나 그들의 사랑을 받아들
일 수 없었기에 우리 자신을 사랑하는 것을 배울 수 없습니다. 우리는 다
른 사람들을 사랑할 수 없거나 오직 의무로 그들을 사랑하기 때문에 다른
사람의 사랑을 받을 수 없습니다. 우리가 우리 자신을 사랑할 줄 모르기
때문에 그들도 사랑할 수 없습니다. 이것은 자주 반복되어집니다.

– walter Trobisch –

❶ 내가 다른 사람들과 비교함으로써 갖는 열등감은 무엇입니까? 이것이 왜 잘못된 것일까요?

말씀과
함께

....

....

하나님의 말씀은 우리가 우리 자신에 관하여 긍정적인 느낌을 세우는 데 기초가 됩니다. 잠언 23장 7절은 그의 마음 속에 생각한 것이 그의 일생에서 명백하게 나타난다고 가르치고 있습니다. 큰소리로 읽고 감사의 기도를 드리세요.

건 강 과 비 만

아빠 : 내가 자랄 때는 먹고 싶어도 밥이 없었던 때가 있었어!

철이 : 그러면 빵을 먹지 그랬어요?

아빠 : 빵이 어디 있니?

철이 : 아빤 바보야. 냉장고를 열면 있잖아.

아빠 : ??

우리는 더 이상 배고픔이란 말을 모르는 세대에 자라고 있습니다. 그러
나 같은 시간 지구의 저편에서는 허기져 죽어가는 아이들이 수도 없습니
다.

또한 같은 시간 다른 쪽에서는 과다한 영양 섭취로 이상 체질이 되거나
살빼기에 골몰하고 있습니다.

진정한 건강이란 어떤 것이며 그리스도인으로서 우리는 몸 관리를 어떻
게 해야 할까요?

당신 자신의 몸에 대하여 걱정해 본 적이 — 허약하거나 뚱뚱하거나 — 있습니까?

마음을
열고

....

....

역사 이래로 건강의 적은 질병이었습니다. 이 질병에서 놓여나 건강케 되는 기록이 여기 있습니다. 마가복음 5장 25-34절을 읽으세요.

말씀을
펴서

25 열두 해를 혈루증으로 앓는 한 여자가 있어 26 많은 의원에게 많은 괴로움을 받았고 있던 것도 다 허비하였으되 아무 효험이 없고 도리어 더 중하여졌던 차에 27 예수의 소문을 듣고 무리 가운데 섞여 뒤로 와서 그의 옷에 손을 대니 28 이는 내가 그의 옷에만 손을 대어도 구원을 얻으리라 함일러라 29 이에 그의 혈루 근원이 곧 마르매 병이 나은 줄을 몸에 깨달으니라 30 예수께서 그 능력이 자기에게서 나간 줄을 곧 스스로 아시고 무리 가운데서 돌이켜 말씀하시되 누가 내 옷에 손을 대었느냐 하시니 31 제자들이 여짜오되 무리가 에워싸 미는 것을 보시며 누가 내게 손을 대었느냐 물으시나이까 하되 32 예수께서 이 일 행한 여자를 보려고 둘러 보시니 33 여자가 제게 이루어진 일을 알고 두려워하여 떨며 와서 그 앞에 엎드려 모든 사실을 여짜온대 34 예수께서 가라사대 딸아 네 믿음이 너를 구원하였으니 평안히 가라 네 병에서 놓여 건강할지어다

한 불치의 병을 앓고 있는 여인이 믿음으로 예수께 다가가 치유를 얻는 장면이다.

본문의
이해

• 열 두 해를 혈루증으로(25절) : 12라는 숫자는 이 하혈하는 병의 심각성을

보여준다.

• 병(29절) : 헬라어로 이 말은 '재앙', '고통'과 같은 뜻이다.

• 누가 내 옷에 손을 대었느냐(30절) : 예수님은 모든 사실을 알고 계셨으며, 여인은 분명 믿음으로 주의 은총을 입었다.

줄거리를 요약해 보세요.

....

....

말씀을 살피고

❶ 이 여자가 건강을 상실한 것은 언제부터인가? (25절)

....

그 동안 그녀가 한 일들은? (26절)

....

....

❷ 결국 그 병은 불치였습니다. 그녀는 예수님의 치유 능력에 대해 듣고서 어떻게 했습니까? (27, 28절)

....

....

....

유대 율법은 혈루증 환자를 부정하게 여겼으므로 공개되길 꺼려했습니다(레 15:19-27).

❶ 34절에 근거해 볼 때 여인이 얻은 것은 무엇 무엇입니까?

현대인의 질병의 70%는 정신질환으로부터 야기된다고 합니다. 정신 건강은 바로 영혼의 강건으로부터 오는 것입니다(마 11:28). 또 건전한 신앙은 건강한 몸에서 비롯됩니다.

❷ 가공 식품을 멀리합시다. 창세기 1장 29절을 요약해 보세요.

하나님이 주신 그대로의 자연식이 가급적이면 좋은 것입니다. 입맛 위주의 식품 첨가물, 간편한 인스턴트 식품 등은 혀의 말초신경을 자극하며, 난치병의 원인이 되기도 합니다.

❸ 육식은 될 수 있는 한 줄입시다. 출애굽기 12장 8-10절을 읽으세요. 고기에는 문제가 되는 것이 바로 지방이라는 기름입니다. 동물성 지방을 날로나 물에 삶아서 먹지 말며, 동물성 지방을 불에 태워 없애고 채소와 함께 먹으라고 한 것은 될 수 있는 한 그 해독을 줄이라는 뜻에서입니다.

❹ 절제합시다. 고린도전서 6장 12절을 요약해 보세요.

....

....

....

위 내용과 연관해서 나를 비추면, 어떤 식습관이 지적될 수 있을까요? (잠 23:20, 21 참조)

....

....

❺ 데살로니가전서 5장 16-18절에서 발견할 수 있는 우리의 일상 삶의 자세는 어떠해야 합니까?

....

....

이는 우리의 정신 건강 제1조에 해당하는 것입니다. 우리가 기쁨과 감사의 마음을 가질 때, 두뇌에서는 '엔돌핀'이라는 효소가 분비됩니다. 이는 특히 환자에게서 엔돌핀이 나올 때 질병이 치유되는 효과가 나타납니다.

한토막
삽화

하나님이 주신 몸에 우리는 관심을 가져야 합니다. 그러나 건강이 우상이 되어서는 안됩니다. 건강과 장수의 조건은 하나님이 우리에게 명하신 모든 도를 행하는데 있습니다(신 5:33). 성경은 건강에 해로운 요소들로써 방탕한 생활, 악행, 질병, 상해, 패역 등을 지적하고 있습니다. 바울은 근신, 절제 그리고 마음의 즐거움이 건강 유지의 길이라고 가르칩니다. 또한 지혜가 있는자(잠 3:15, 16), 탐욕을 미워하는 자(잠 28:16), 부모를 공경하는 자(엡 6:3)가 장수하고 모든 일이 잘된다고 가르칩니다.

❶ 하나님이 말씀하시는 몸과 영혼의 건강을 위해 내가 삶 속에서 고쳐야 할 부분은 무엇 무엇이 있습니까? (구체적으로 적어 보세요.)

말씀과
함께

자살, 그 병적 환희

로테라는 한 여인을 사랑하던 젊은 베르테르는 깊은 좌절감 속에서 권총으로 자살을 합니다. 성경 속에서도 아비멜렉(삿 9장)과 가룟유다 그리고 그 외의 몇몇 사람이 자살한 것으로 나옵니다. 그리고 오늘날도 중고등학생들이, 청년대학생들이 자살에의 길을 떠납니다. 한 고3 학생은 "시험 없는 나라에서 살고 싶다."라는 유서를 써놓고 극약을 마셨습니다. 한 청년은 '해고 근로자 복직'을 요구하며 자신의 몸에 불을 붙여 분신했습니다. 여전히 우리들의 주변을 맴도는 스스로 목숨을 끊은 사람들의 이야기가 많이 있습니다. 자살이란 무엇일까요?

마음을 열고 한마디로 자살이란 무엇이라고 생각합니까? 혹 당신이 자살에의 충동을 느껴본 적이 있다면 그 예를 들어 말해 보세요.

마음을 열고

....

....

신약에서 최고의 배도자 가룟유다의 최후를 살펴봅시다. 마태복음 27장 1-8절을 펴서 읽으세요.

말씀을 펴서

 1 새벽에 모든 대제사장과 백성의 장로들이 예수를 죽이려고 함께 의논하고 2 결박하여 끌고 가서 총독 빌라도에게 넘겨주니라 유다가 자살하다(행 1:18-19) 3 때에 예수를 판 유다가 그의 정죄됨을 보고 스스로 뉘우쳐 그 은 삼십을 대제사장들과 장로들에게 도로 갖다 주며 4 가로되 내가 무죄한 피를 팔고 죄를 범하였도다 하니 저희가 가로되 그것이 우리에게 무슨 상관이 있느냐 네가 당하라 하거늘 5 유다가 은을 성소에 던져 넣고 물러가서 스스로 목매어 죽은지라 6 대제사장들이 그 은을 거두며 가로되 이것은 피 값이라 성전고에 넣어 둠이 옳지 않다 하고 7 의논한 후 이것으로 토기장이의 밭을 사서 나그네의 묘지를 삼았으니 8 그러므로 오늘날까지 그 밭을 피밭이라 일컫느니라

스승 예수님의 사랑어린 경고를 들었음에도 불구하고 유다는 반역의 길을 추진했습니다(마 26:22-24). 그는 대제사장들로부터 은 삼십을 받았고, 군인들을 예수께서 계신 감람산으로 이끌고 왔습니다.

본문의 이해

• 새벽에(1절) : 산헤드린 공회는 목요일 밤 내내 예수님을 심문한 다음, 금요일 새벽에 빌라도에게 넘기기로 결의했다.
• 토기장이의 밭(7절) : 아마도 토기장이가 진흙을 떠내던 곳이었을 것이다.

본문을 간단하게 요약해 보세요.

....

....

말씀을 살피고

❶ 유다가 뉘우치기 시작한 것은 언제부터인가요?

....

❷ 그 결과 그는 어떻게 했습니까? (3절 하)

....

그의 고백으로 미루어 볼 때(4절 상) 예수님은 죄인입니까?

....

❸ 유다의 최후는 어떠했습니까? (5절, 행 1:18 참조)

....

아마 힌놈의 골짜기 절벽 위에서 목을 매었을 것입니다. 그는 줄이 끊어지면서 아래로 곤두박질했습니다.

말씀뜻 발견

❶ 유다가 비록 예수님을 판 다음이지만 그는 어떤 다른 행위를 할 수 있었을까요?

그러나 그는 끝내 생명의 주인께 자살로 반항을 하였고, 그 결과 '제 곳' 즉 영멸의 장소로 갔습니다.

❷ 우리의 죽음은 그것으로 끝일까요? (히 9:27)

'죽으면 끝'이라는 사고 방식은 사후의 생명을 무시한 것으로, 결코 죽음은 현세로부터의 도피처가 될 수 없습니다.

❸ 생명은 하나님께서 창조하신 하나님의 것입니다. 그렇다면 제6계명(출 21:12, 14)은 남의 생명을 존중하는 것 외에 또 어떤 의미가 있을까요?

❹ 오히려 나의 생명은 어떻게 쓰여져야 할까요? (요 12:24)

탐욕으로 살다 배신으로 목숨을 끊어 버린 유다가 될 것인가 아니면 주인의 뜻대로 밀알처럼 다시 사신 예수님을 본받을 것인가 생각해 보세요.

생명은 우리가 마음대로 할 수 있는 것이 아니고 부여받은 것입니다. 그러므로 생명은 사고 팔 수 있는 물건과 다르며, 자기가 마음대로 쓸 수 있는 것도 아닙니다. 우리는 생명을 통해 무엇보다도 먼저 생명의 주인이 하나님이시라는 것을 자각해야 합니다.

우리는 청지기일 뿐입니다. 그러나 이웃을 위한 숭고한 희생이나 순교로 연결되는 행동들은 존중되어야 합니다. 예수님의 경우는 더욱 그렇습니다. 주님은 자살한 것이 아니라 하나님의 뜻에 따라 인류를 위한 희생 제물이 되셨습니다. 하나님은 천하보다 우리의 생명을 더 귀하게 보십니다 (마 6:25). 그러므로 인간의 생명은 결코 수단이 될 수 없고 목적이 되어야 합니다.

어떤 사람들이 그렇듯이 자살을 절망 탈출구로 생각하는 것은 착각이요 무서운 죄악입니다. 그런 사람들은 다른 사람의 생명도 경시합니다. 빌립보서 4장 13절을 읽고 오늘의 주제를 되새기면서 나의 생명에 대한 다짐을 정리해 보세요.

나의 생명 선언

나의 생명은 …
....

....

....

....

진로와 직업

한 게으름뱅이는 "일 안 하고도 살 수 없을까?" 하고 눈만 뜨면 중얼거렸다고 합니다. 정말 일하는 것은 인간에게 귀찮은 것이고 고통일 뿐일까요? 창세기에 보면, 아담의 범죄의 대가로 노동의 고통을 받게 되었다는 기록이 있습니다. 그 이후로 사람은 살기 위해서 일하는 고통을 죄의 대가로만 생각하게 되었습니다. 그러나 사실은 일이야말로 하나님의 축복입니다.

**마음을
열고**

당신은 자신의 진로에 대하여 걱정한 적이 있습니까? 그 이유는 무엇이었습니까?

....

....

....

**말씀을
펴서**

자! 성경은 일에 대하여 어떻게 말하는지 살펴봅시다. 데살로니가후서 3장
10-12절을 읽어 보세요.

🌷 10 우리가 너희와 함께 있을 때에도 너희에게 명하기를 누구든지 일하기 싫어하
거든 먹지도 말게 하라 하였더니 11 우리가 들은즉 너희 가운데 규모 없이 행하여
도무지 일하지 아니하고 일만 만드는 자들이 있다 하니 12 이런 자들에게 우리가 명하
고 주 예수 그리스도 안에서 권하기를 종용히 일하여 자기 양식을 먹으라 하노라

**본문의
이해**

데살로니가 교회 안의 일부 교인들은 주의 재림이 임박했으니 일할 필요
가 없다고 태만에 빠져 있었습니다. 바울은 안타까운 심정으로 서신을 띄
웠습니다. 그리스도인은 게으름뱅이가 되어서는 안됩니다.

• 종용히 일하여(12절) : 침착하게 자기의 할 일을 하고

본문을 자신이 이해한 내용으로 간단히 요약하세요.

....

....

❶ 바울은 어떤 속담을 인용하고 있습니까?

말씀을 살피고

교인 가운데는 심지어 어떤 사람도 있습니까? (11절)

❷ 예수님은 지상생활 중 일에 관하여 어떻게 말씀하셨습니까? (요 5:17)

우리 기독교인은 직업을 하나님의 소명(calling)으로 여기며 소중히 하고 있습니다. 우리는 대개 일을 중심으로 관계를 맺으므로 직업이란 다른 사람을 위해서 내가 해야 할 의무라고도 할 수 있습니다. 이런 의식을 '소명의식'이라고 하며 또는 하나님으로부터 부여받은 직업이라는 의미에서 '천직'이라고도 합니다. 따라서 무슨 일이든(사회에 해를 끼치는 일 제외) 천한 일은 없습니다. 이에 대해 어긋나는 우리 나라 전래의 사상은 어떤 것이 있었습니까?

❶ 천지를 창조하신 하나님은 사람에게 지구를 위탁하셨습니다. 이때 주신 말씀은 무엇이었나요?

말씀뜻 발견

창세기 1장 28절

사람은 누구나 각기 다른 개성과 재능을 부여받고 태어났습니다.

❷ 그러므로 우리는 자신이 지니고 있는 잠재적 가능성을 충분히 발휘할 수 있도록 몇 가지를 염두에 두어야 합니다.

• 적성: 개인이 가지고 있는 특수 능력으로 특정 분야에서 성공할 수 있는 소질
• 인성(성격) : 일에 대한 일관성 있는 반응 형태
(예: 사고형– 학자, 사교형– 외교관)
• 흥미 : 어떤 일에 대한 즐거운 느낌을 갖는 것.
(＊ 이에 대한 자세한 안내는 이진우 저 『사실입니까 하나님?』을 참조)
당신은 어떤 분야, 어떤 일이 적합하다고 생각하십니까?

진로를 선택할 때에는 자신의 체력과 신체 조건을 반드시 고려해야 합니다. 물론 이 결정을 위해서는 부모와 선배들의 조언도 중요합니다. 남들이 가니까 나도 대학가고 남들이 인기가 있다니까 나도 그 일을 택해서는 안 됩니다. 당신이 어디서 어떤 일을 하든지 하나님의 영광을 생각하며 성실히 일하고 있다면 그것은 하나님의 '성직' 이라 할 수 있습니다.
그리스도인은 직업을 통하여 공익을 존중하고 질서를 세우며 모든 사람이 함께 아름답게 살아가도록 노력하는 조화된 윤리적 자세가 필요합니다.

❶ 우리는 일방적으로(I · Q나 특정 능력 등) 사람을 평가할 수 없습니다. 하나님께서 당신에게 주신 은사는 무엇일까요? 발표하고 서로를 위해 기도하세요.

이제 장래에 대한 염려는 던져버리기로 하세요.